Alfons Scholten

AF155067

Erwerb von interkultureller Kompetenz in der Schule

Alfons Scholten

Erwerb von interkultureller Kompetenz in der Schule

GRIN Verlag

Bibliografische Information Der Deutschen Bibliothek: Die Deutsche
Bibliothek verzeichnet diese Publikation in der Deutschen Nationalbibliografie;
detaillierte bibliografische Daten sind im Internet über http://dnb.ddb.de/
abrufbar.

1. Auflage 2007
Copyright © 2007 GRIN Verlag
http://www.grin.com/
Druck und Bindung: Books on Demand GmbH, Norderstedt Germany
ISBN 978-3-640-33691-3

Interkultureller Kompetenzwerwerb in der Schule

1. Interkultureller Kompetenzerwerb in der Schule – die Debatte ist eröffnet

"Interkulturelle Kompetenz" ist ein Begriff, der sich in den 1990er Jahren im deutschsprachigen Raum etablierte und mittlerweile inflationär verwendet wird. Er definiert keineswegs eindeutige Fähigkeiten und lässt auch nicht auf einen abgrenzbaren Kanon von Lerninhalten schließen. Versucht man die verschiedenen Diskussionsbeiträge zu resümieren, so wird ersichtlich, dass wir es großteils mit persönlichkeitsbezogenen, sozialen Kompetenzen, verknüpft mit spezifischem Fachwissen für den jeweiligen Handlungskontext, zu tun haben (Sprung 2003: 4ff). In einer einfachen und häufig zitierten Definition bezeichnet "Interkulturelle Kompetenz" deshalb zunächst nichts anderes als die Befähigung, in fremdkultureller Umgebung oder mit Angehörigen einer anderen Kultur als der eigenen "angemessen und erfolgreich" zu handeln (Hinz-Rommel 1994: 56).

Ein ähnlicher handlungsorientierter Kompetenzbegriff wird auch in den wenigen Studien vorgeschlagen, die den Begriff der 'interkulturellen Kompetenz' für die Arbeit im allgemeinbildenden Schulwesen verwenden: „Interkulturelle Kompetenz ist die in einem Lernprozess erreichte Fähigkeit, im mittelbaren oder unmittelbaren Umgang mit Mitgliedern anderer Kulturen einen möglichst hohen Grad an Verständigung und Verstehen zu erzielen" (Bertels et al. 2004:33).

Die zunehmende Verwendung des Begriffes der interkulturellen Kompetenz ist begründet in dem wachsenden Bedürfnis, das Ergebnis interkultureller Lernprozesse klarer definieren zu können. So hat es vereinzelt schon Versuche gegeben, interkulturelle Kompetenz – 'Standards' für die Bildungsarbeit zu definieren (Broden 2003, Scherr 2003, do Mar Castro Varela 2004).

Noch ist allerdings in der interkulturellen Literatur weitgehend Konsens, dass interkulturelle Pädagogik und der Erwerb interkultureller Kompetenzen kein Schulfach, sondern ein Prinzip ist, „das auf verschiedenen Ebenen in der schulischen wie in der außerschulischen Bildungsarbeit wirksam werden soll" (Holzbrecher 2007: 395). Leiprecht (2002: 90) warnt sogar davor, interkulturelle Kompetenzen „als messbare Leistungsziele fassen zu wollen, möglicherweise verbunden mit bestimmten Beurteilungskriterien und Notenschlüsseln." Und eine Zentralabituraufgabe, die die 'Interkulturelle Kompetenz' der Schülerinnen und Schüler abprüft, wäre eine Widerspruch in sich.

Von der OECD wurde hingegen bereits vor längerer Zeit erfolgreich vorgeschlagen, den „Leistungsbegriff generell durch das Konzept der Kompetenz zu ersetzen". Dies hat zu den bekannten Studien zum Bildungsstand europäischer Schülerinnen und Schüler (TIMMS, PISA, etc.) geführt. Dabei versteht die OECD unter Kompetenzen „die bei Individuen verfügbaren oder durch sie erlernbaren kognitiven Fähigkeiten und Fertigkeiten, um bestimmte Probleme zu lösen, sowie die damit verbundenen motivationalen, volationalen und sozialen Bereitschaften und Fähigkeiten um die Problemlösungen in variablen Situationen erfolgreich und verantwortungsvoll nutzen zu können." (Weinert 2002, 27 – 28).

Vergleicht man die in den interkulturellen Untersuchungen bevorzugten, handlungsorientierten 'Kompetenz' – Begriffe mit dem eindeutig kognitiven Ansatz der OECD, der auf vergleichbare Datensätze und Ranking – Listen abzielt, so wird klar, dass die Diskussion um den Erwerb von ‚interkultureller Kompetenz' in der Schule nicht kurz vor ihrem Ende, sondern erst am Anfang steht.

Vor diesem Hintergrund will der der vorliegende Aufsatz verschiedene in der Praxis des internationalen Jugendaustauschs erprobte Arbeitsmodelle vorstellen und diskutieren, um so einen neuen Blick für die Chancen und Möglichkeiten des interkulturellen Kompetenzerwerbs in der Schule zu gewinnen. Dabei stütze ich mich zum Teil auf Ergebnisse, die vorwiegend für die interkulturelle Kommunikation im Wirtschaftsbereich gültig sind. Angesichts der zunehmenden Managementaufgaben, die im Schulalltag auftreten einerseits und der angestrebten 'employability' der Schülerinnen und Schüler andererseits können diese aber vielleicht auch hier zum Tragen kommen.

2. Kultur als ‚soziale Grammatik'

2.1. Der generative Charakter der Kultur

Für ein Konzept des interkulturellen Kompetenzerwerbs ist das Verständnis, das man dem Wort ‚Kultur' beimisst von entscheidender Bedeutung. Mit Behrends und Martin gehe ich davon aus, dass Kultur als soziale Grammatik unseres Verhaltens verstanden und als 'generativ' charakterisiert werden kann:

„Kultur wohnt ein *generativer* Charakter inne; sie gibt daher keine konkreten Problemlösungen vor, sie legt vielmehr fest, auf welchem Wege diese hervorgebracht werden.

- Kultur *prägt/kanalisiert* daher das Verhalten der Systemmitglieder, ohne es zu *determinieren*" (Behrends 2001:29).

Die Formulierung 'Kultur als soziale Grammatik' weist also zunächst darauf hin, dass wir mit einer begrenzten Anzahl von Normen und Regeln eine unbegrenzte Anzahl von ‚korrekten' kulturellen Verhaltensweisen produzieren können. Kultur ist somit kein „Großkollektiv", das homogen und statisch ist und das Verhalten des Einzelnen determiniert, sondern wird im Gegenteil von den Menschen geschaffen und immer wieder weiterentwickelt und verändert (Leiprecht 2002: 88). Denn Kultur ist nicht unveränderliche Natur und auch kein Gefängnis der Persönlichkeit. Vielmehr bestimmen Kinder, Jugendliche und Erwachsene ihre kulturelle Identität selbst und definieren selbstständig, ob sie sich als Deutsche oder als Türken verstehen oder ob sie sagen „Ich muss mich nicht entscheiden. Ich bin beides" (Teo 1994).

Eine Verständigung von Personen unterschiedlicher Kulturzugehörigkeit und damit unterschiedlicher Grammatiken ist möglich, weil „Kulturen 'offene' Regelsysteme sind. Sie stellen gewissermaßen das 'Material', das 'Werkzeug' und die 'Konstruktionsprinzipien' für das Sozialverhalten bereit, nicht aber das fertige Produkt. Dieses wird erst in der gemeinsamen Begegnung hergestellt und gelingt erfahrungsgemäß nur mehr oder weniger gut - in Abhängigkeit auch davon, wie *nahe* sich Kulturen sind" (Martin/Behrends 1999: 26). Doch nicht nur Fremde, auch Angehörige derselben Kultur müssen ihr Zusammentreffen stets inszenieren, weil es auch innerhalb derselben Kultur regionale, geschlechtsspezifische oder altersgemäße Varianten gibt.

2.2. Die personale und soziale Doppelnatur der Kultur

Außerdem meint 'Kultur als soziale Grammatik', dass Kulturen als soziale Systeme über eine *Doppelnatur* verfügen, mit einer *personalen* und einer *sozialen* Komponente. Dabei ist Kultur aber „nicht bloß die 'Summe', der sie konstituierenden Elemente; sie gewinnt eine *ganzheitliche Gestalt* aus der spezifischen Konstellation ihrer Bestandteile" (Behrends 2001:29).

Die eigene Kultur wird mit ihrer personalen und sozialen Komponente im Kindesalter von den Eltern, der Familie, im Kindergarten, in der Kita, in der Schule etc. als ganzheitliches System gelernt. Dieses Erlernen der 'sozialen Grammatik' im Laufe der Sozialiation - oder besser En-

kulturation - geschieht weitgehend unbewusst, so dass das Wissen über die eigene Kultur lange Zeit nur ein implizites Wissen ist. Deshalb ist es in einer Begegnung auch gar nicht so einfach, die eigene Kultur mit ihren Werten und Normen sowie das System ihrer Zu-, Über- oder Unterordnung, anderen zu erklären. Interkulturelle Begegnungen dienen also zunächst dazu, dass implizite Wissen über die eigene Kultur zu einem expliziten Wissen zu machen. Während also bei der eigenen Kultur das implizite Wissen nach und nach in explizites Wissen verwandelt werden kann oder muss, erfolgt das Erlernen einer anderen sozialen Grammatik auf dem Weg vom expliziten zum impliziten Wissen. Auch hierfür ist – wie beim Erlernen der Sprachgrammatik – meist eine lange Dauer vonnöten.

2.3. Kultur als soziale Grammatik in der interkulturellen Kommunikation

Will man das bisher Gesagte zur Analyse von interkulturellen Kommunikationssituationen nutzen, so bietet es sich an, das klassische Kommunikationsmodell (Sender – Botschaft – Empfänger) entsprechend aus zu differenzieren (s. Abb1. auf der nächsten Seite).

- Sender wie Empfänger sind durch ihre persönliche Geschichte und gesellschaftliche Mentalität (Tiefenstruktur) wie durch ihre Ausdrucks- bzw. Wahrnehmungsorgane (Mimik, Gestik, Sprache, Körpersprache bzw. riechen, sehen, hören, fühlen, schmecken) geprägt.

- Sender und Empfänger sind keine mechanischen Apparate, sondern reagieren bewusst und unbewusst auf die jeweils wahrgenommenen Signale und tauschen somit ihre Rollen permanent und in sehr kurzen Zeitabständen.

- Die Botschaft, die eine Sach- und eine Beziehungsebene enthält, muss eine Grenze überschreiten und aus einer Kultur bzw. sozialen Grammatik in eine andere Kultur bzw. soziale Grammatik 'übersetzt' werden, so das man das interkulturelle Lernen auch 'Lernen über Grenzen' definieren kann (Scholten 2003).

- Dies alles findet in einem bestimmten Kontext statt, d.h. an einem bestimmten Ort, zu einem bestimmten Zeitpunkt und unter bestimmten Rahmenbedingungen.

Die personale und soziale Doppelstruktur der Kultur spiegelt sich wieder in der Oberflächen- und Tiefenstruktur der interkulurellen Kommunikation.

2.3.1. Die Oberflächenstruktur der Grammatik der interkulturellen Kommunikation

Hierzu gehören zunächst die vielen verschiedenen Elemente der nonverbalen Kommunikation, die in Begegnungen von Schulklassen eingesetzt werden, um das Sprachproblem zu verringern: „Kleidung, Musik, Tanz, Feste, Bilder, Theater, Puppenspiel,Buffets und Naturerlebnisse" (Rockel 2005, 298 Abb. 2). Wenn diese Elemente zu Austausch und Begegnung zwischen Schülerinnen und Schülern, aber auch Lehrerinnen und Lehrern erfolgreich beitragen sollen, müssen vom jeweiligen ‚Sender' neben der Sprache auch Mimik, Gestik und Körpersprache mit eingebracht werden. Auf Seiten des ‚Empfängers' sind wiederum alle 5 Sinne gleichermaßen gefordert, um wirklich alle Bestandteile der ‚Botschaft' angemessen wahrnehmen zu können.

Abb 1: Kultur als soziale Grammatik in der interkulturellen Kommunikation

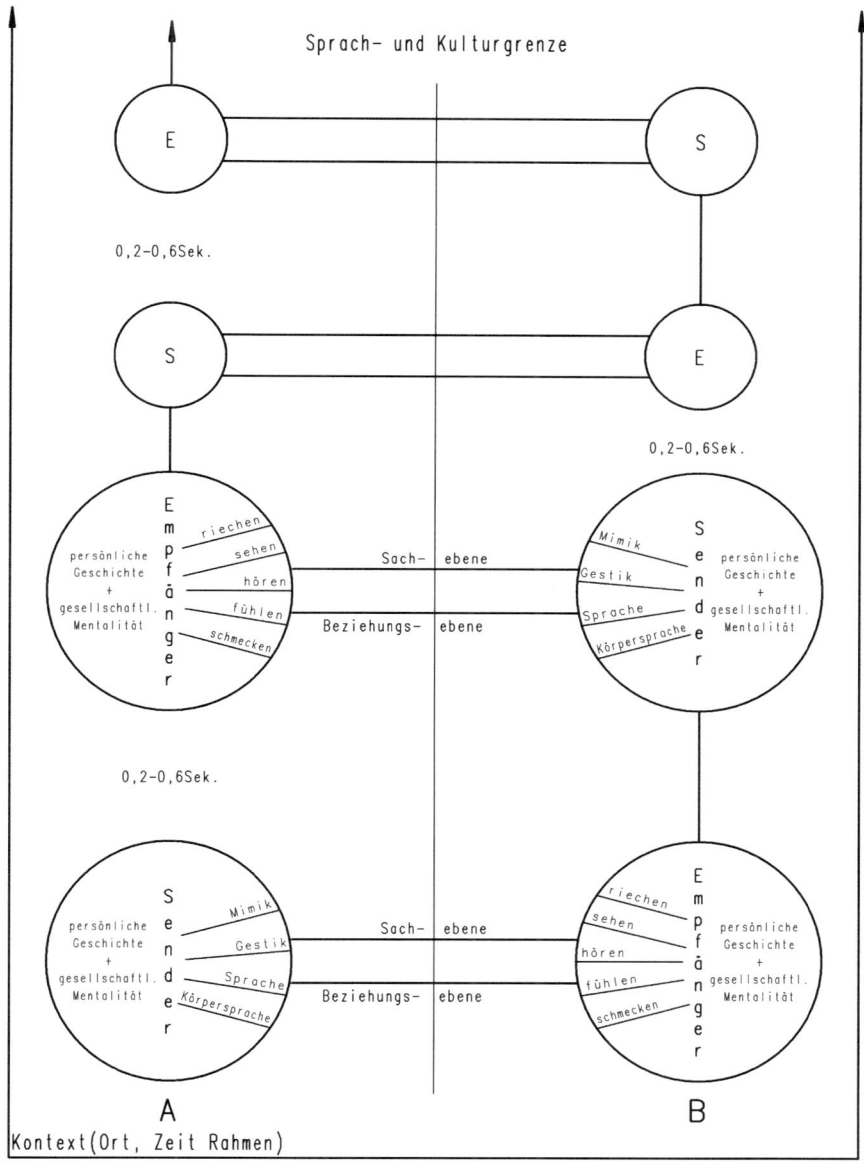

vgl.: Alfons Scholten: Ratgeber Internationale Begegnungen. – Neuss (DPSG) 2001, Seite 14

Darüber hinaus kommen in interkulturellen Begegnungen auch noch folgende Elemente des Kommunikationsmodells zum Tragen (Scholten 2001: 13-35; Weißbach 2002:13-16):

- *Botschaft (Sach- und Beziehungsebene):*
    - direkter vs. indirekter Kommunikationsstil
    - kontextabhängiger vs. kontextunabhängiger Kommunikationsstil
    - expressive vs. reservierte Kommunikation
    - Abschluss- bzw. Sachorientierung vs. Personenorientierung
    - vorwiegend formell vs. vorwiegend informelle Kommunikation
    - expressive vs. reservierte Kommunikation
- *Kontext:*
    - polychroner vs. monochroner Umgang mit Zeit
    - verbindliche oder allgemeine Zeitplanung
    - Raumorientierung und Distanzregelung (Nähe/Ferne)
    - gesetzliche Rahmenbedingungen für die Begegnung.

Als Hilfe für die Reflexion des eigenen Standpunktes sei darauf hingewiesen, dass Schroll-Machl, einen hohen Bedarf an detaillierter und verbindlicher Zeitplanung, eine große Sachorientierung und einen sehr direkten Kommunikationsstil zu Elementen einer deutschen ‚sozialen Grammatik' zählt (Schroll-Machl 2002:34).

2.3.2. Die Tiefenstruktur der Grammatik der interkulturellen Kommunikation

Die interkulturelle Kommunikation und der interkulturelle Kompetenzerwerb umfassen auch Bereiche, die die Tiefenstruktur der Begegnung zwischen Individuen und Gesellschaften, d.h. die ‚persönliche Geschichte und gesellschaftliche Mentalität', betreffen.

Zu dieser Tiefenstruktur kann man zunächst mit Schroll – Machl die Dimensionen ‚regelorientierte, internalisierte Kontrolle' und ‚Trennung von Persönlichkeits- und Lebensbereichen' nennen, da diese ihrer Meinung nach insbesondere für Deutsche und ihre ‚soziale Grammatik' zu treffen (Schroll-Machl 2002:34).

Zur Tiefenstruktur der interkulturellen Kommunikation darf man sicher auch die von Hofstede (2001)[1] entwickelten 5 Dimensionen zählen, die das Verhältnis von Individuum und Gemeinschaft und den Umgang mit Verschiedenheit betreffen:

Individualismus bzw. *Kollektivismus*

hohe bzw. *niedrige Machtdistanz*

Maskulinität bzw. *Feminität*

starke bzw. *schwache Unsicherheitsvermeidung*

und

langfristige bzw. *kurzfristige Orientierung*

Die einzelnen Dimensionen sind bei Hofstede folgendermaßen definiert:

Individualismus beschreibt Gesellschaften, in denen die Bindung zwischen den Individuen locker sind: man erwartet von jedem, dass er für sich selbst und seine unmittelbare Familie sorgt. *Kollektivismus* beschreibt Gesellschaften, in denen der Mensch von Geburt an

in starke, geschlossene Wir – Gruppen integriert ist, die ihn ein Leben lang schützen und dafür bedingungslose Loyalität verlangen.

Machtdistanz ist das Ausmaß, bis zu welchem die Mitglieder von Institutionen bzw. Organisationen eines Landes erwarten und akzeptieren, dass Macht ungleich verteilt ist.

Maskulinität kennzeichnet eine Gesellschaft, in der die Rollen der Geschlechter klar gegeneinander abgegrenzt sind: Männer haben bestimmt, hart und materiell orientiert zu sein, Frauen müssen bescheidener, sensibler sein und Wert auf Lebensqualität legen. *Femininität* kennzeichnet eine Gesellschaft, in der sich die Rollen der Geschlechter überschneiden: sowohl Frauen als auch Männer sollten bescheiden und feinfühlig sein und Wert auf Lebensqualität legen.

Unsicherheitsvermeidung ist der Grad, in dem die Mitglieder einer Kultur sich durch ungewisse oder unbekannte Situationen bedroht fühlen.

Gesellschaften mit *langfristiger* bzw. *kurzfristiger Orientierung* unterscheiden sich z.B. hinsichtlich der Sparquote, des Zeitrahmens für das Erzielen von Ergebnissen, des Respekts von Traditionen, etc.

Welche Konsequenzen diese 5 Dimensionen für das Lernen und Lehren hat, hat Hofstede (1986) selbst, an vielen Beispielen aufgezeigt, die mir auch 20 Jahre später noch einleuchtend zu sein scheinen.

Nimmt man in Vorbereitungen auf interkulturelle Massnahmen oder auch in konkreten interkulturellen Kommunikationssituationen, in denen es Missverständnisse oder Konflikte zu klären gilt, die Daten dieser Studie zur Hand, so lassen sich kritische oder weniger kritische Bereiche der Zusammenarbeit identifizieren und besser analysieren. Da inzwischen in verschiedenen anderen Studien, die Daten für diese 5 Dimensionen für die von Hofstede bereits untersuchten Länder aktualisiert und für weitere Länder neu erhoben worden sind[2], ist bereits die Mehrzahl der für die internationale Arbeit relevanten Länder erfasst.

Zudem haben andere Studien die 5 Dimensionen weiter entwickelt und durch Länderprofile sowie die Entwicklung von Fallbeispielen für die Bildungsarbeit praxisbezogen ausgestaltet, so dass sie auch in schulischen Arbeitsfeldern sinnvoll eingesetzt werden können (Scheitza u.a. 2004; Krewer/Martin 2000).

2.4. Konsequenzen für den interkulturellen Kompetenzerwerb in der Schule

'Kultur als soziale Grammatik' bedeutet zunächst, dass es Ziel der Begegnung sein muss, sich mit der ‚sozialen Grammatik' der anderen und der eigenen Gruppe intensiv zu beschäftigen und diese schrittweise zu entschlüsseln. Daraus folgt, dass die Zahl der ‚Kulturen', die an einer Begegnung teilnehmen, nicht zu groß werden darf, sondern für die Lernenden überschaubar bleiben muss. Und da Sprachgrammatik und soziale Grammatik eng miteinander verwoben sind, sollten die Verantwortlichen der Begegnung ebenfalls darauf achten, dass die englische Sprache nicht zur alles andere überdeckenden Einheitssprache wird, da ansonsten auch der Zugang zur sozialen Grammatik erschwert wird.

Der interkulturelle Kompetenzerwerb darf aber nicht mit der Analyse der Oberflächenstruktur der sozialen Grammatik aufhören, sondern muss darauf abzielen, die Tiefenstruktur in den Blick zu bekommen. Dies wird sicherlich nicht in kurzen Zeiteinheiten zu erledigen sein, sondern den Mut zu einem längerfristigen, evt. auch aufeinander aufbauenden, Lernprozess erfordern. Ziel des Kompetenzerwerbs muss es sein, die Normen und Regeln der eigenen und fremden sozialen Grammatik zu erkennen und zu verstehen, die es ermöglichen, jeweils eine Vielzahl von 'richtigen' kulturellen Verhaltensweisen zu produzieren. „Interkulturelle Erziehung kann also kein Harmonisierungskonzept sein, darf sich nicht auf Kochen, Singen und gemein-

same Feste beschränken, sie muss vielmehr auf individuelle, auch problematische Erfahrungen und auf die Situation der Gesellschaft reagieren" (Hölscher 1994, 10).

Vor dem hier entwickelten Verständnis von Kultur als sozialer Grammatik kann das Verständnis von 'Interkultureller Kompetenz' in handlungsorientierter Sicht mit Oksaar (1979:395) als 'interaktionale Kompetenz' spezifiziert werden: „Unter *interaktionaler Kompetenz* verstehe ich die Fähigkeit einer Person, in Interaktionssituationen verbale und nonverbale kommunikative Handlungen in zwei Rollen zu vollziehen – in der Rolle des Senders und der des Empfängers, gemäß den soziokulturellen und soziopsychologischen Regeln der jeweiligen Gruppe."

Interkulturelle Kompetenz ist demgemäß eine Kombination sozialer, kognitiver und interaktionaler Kompetenzen „gepaart mit einem bestimmten Wissen und einer bestimmten Reflexionskompetenz über die eigene und die jeweils betroffene(n) Partnerkultur(en)" (Krewer/Martin 2000:65).

3. Der Erwerb interkultureller Kompetenzen in der interkulturellen Lernspirale

3.1. „alle anders –alle gleich" als Grundprinzip des interkulturellen Lernens

Der interkulturelle Lernprozess hat das Prinzip „Alle anders – alle gleich" zur Basis und zum Ziel. Das Prinzip bildet die Basis des Zusammenlebens in einer modernen, offenen Gesellschaft, da nur so sowohl die Freiheit aller als auch ihre rechtsstaatliche und politische Gleichheit gewährleistet werden kann. Da die gleichzeitige Verwirklichung der beiden Grundwerte aber oft nur unzureichend gelingt und eine gerechte Ausbalancierung immer wieder neu versucht werden muss, bleibt dieses Prinzip auch das Ziel aller entsprechenden pädagogischen Bemühungen. Für den interkulturellen Kontext bedeutet dieses Prinzip insbesondere:

3.1.1. „Alle anders"

Alle Menschen haben das Recht, ihr Leben als Einzelne oder Gruppen gemäß eigener Entscheidung frei zu gestalten (= Pluralismus der Meinungen, Haltungen, Einstellungen, etc.).

3.1.2. „Alle gleich"

Alle Menschen sind gleich*wertig*, aber nicht gleich*artig* und haben als Einzelne wie als Gruppe das Recht, sich am gesellschaftlichen Leben zu beteiligen und darin Verantwortung zu übernehmen.

3.2. Der interkulturelle Lernprozess als Lernspirale

In Anlehnung an die Arbeiten von Osgood (1970:25f) und Nicklas (1984:20f) lässt sich der interkulturelle Lernprozess, der den Umgang mit diesem Prinzip systematisch einüben soll, als eine Spirale beschreiben.

In diesem Schaubild wird deutlich, dass der Lernprozess 3 Knackpunkte hat, die in folgender Weise verstanden werden können:

3.2.1. interkulturelle Naivität

Sie ist gekennzeichnet von der Ahnung der Fremdheit, ohne diese schon definieren zu können. Die interkulturelle Naivität führt bei der Kontaktaufnahme oft zu einer ersten Begeisterung für das Fremde und zu einer Euphorie, bei der die vermuteten oder bereits bekannten Unterschiede überspielt oder klein geredet werden.

Abb. 2: Der interkulturelle Lernprozess als Lernspirale

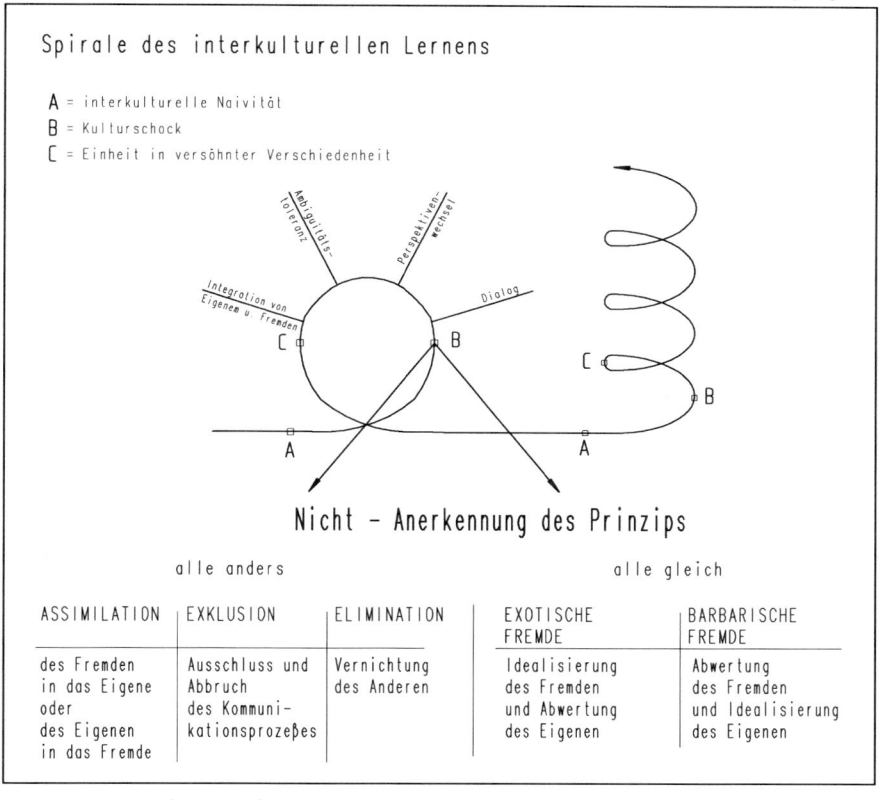

politische, wirtschaftliche, soziale und rechtliche Rahmenbedingungen

Spirale des interkulturellen Lernens

A = interkulturelle Naivität
B = Kulturschock
C = Einheit in versöhnter Verschiedenheit

Nicht – Anerkennung des Prinzips

alle anders   alle gleich

ASSIMILATION	EXKLUSION	ELIMINATION	EXOTISCHE FREMDE	BARBARISCHE FREMDE
des Fremden in das Eigene oder des Eigenen in das Fremde	Ausschluss und Abbruch des Kommunikationsprozeßes	Vernichtung des Anderen	Idealisierung des Fremden und Abwertung des Eigenen	Abwertung des Fremden und Idealisierung des Eigenen

vgl.: Alfons Scholten: Ratgeber Internationale Begegnungen. Neuss 2001, 38 – 53

In Bezug auf die Planung der interkulturellen Begegnung werden oft einfache Rezepte analog dem Motto verfolgt: „Man nehme: eine Gruppe deutscher und französischer Jugendlicher, brate sie bei guter Hitze an einem südfranzösischen Strand, würze das Ganze mit Sportgeräten, Spielideen und Bastelmaterial – gut umrühren, und fertig ist die binationale Jugendfreizeit" (Keefer 1991:554).

Das dahinter liegende Konzept für die Planung und Vorbereitung vin interkulturellen Massnahmen ist seit langem als 'Kontakthypothese' bekannt und lässt sich folgendermaßen beschreiben: „wenn Menschen aus verschiedenen Kulturen und Nationen einander begegnen, lernen sie sich besser kennen, sie lernen einander besser verstehen, sie entdecken Ähnlichkeiten und Gemeinsamkeiten, sie intensivieren die interpersonalen Kontakte und: Dem Frieden steht nichts mehr im Wege" (Thomas 1994:227). Doch folgt diesem 'honey-moon' oft recht bald der 'Kater', da sich Unterschiede und Gegensätze nicht dauerhaft überspielen lassen, sondern ernst genommen werden wollen.

3.2.2. Kulturschock

Die früher oder später auftretenden Unterschiede der Beteiligten stellen die bis dahin prakti-
zierte Harmonie auf die Probe und führen oft zur Einsicht in die Beschränktheit des Standpunkts des Anderen, *aber nicht des Eigenen.* Da der Übergang von der interkulturellen Naivität oder gar Euphorie in die Phase des Wiederentdeckens der Unterschiede allerdings meist
abrupt und unvorbereitet erfolgt, stellt er nicht selten einen Kultur - „Schock" dar und ist dann
auch mit dessen Nebenerscheinungen (Stress, hohe Emotionalität, Abwehrreaktionen, etc.)
verbunden.

Vielfach werden dann in der Situation des ‚Kulturschocks' von Einzelnen oder Gruppen Auswege ge-
sucht, die entweder gegen die Idee der Freiheit und das sich daraus ergebende Recht auf Verschiedenheit (alle anders) oder aber gegen die Idee der gleichen Würde aller Menschen (alle gleich) verstoßen.

Solche *Verstöße gegen das Prinzip „alle anders"* und das Recht auf Freiheit und Verschiedenheit sind
z.B.:

- Exklusion oder vorübergehender Ausschluss des Anderen aus dem Kommunikations-
  prozess (z.B. durch Nichtübersetzen einzelner Beiträge) oder indirekter Ausschluss
  aufgrund der Maßgabe, dass ‚bei uns alle gleich sind und gefälligst gleich behandelt
  werden.'

- Assimilation des Eigenen in das Fremde bzw. des Fremden in das Eigene (wenn wir
  in Deutschland sind, wollen wir auch ganz und gar wie Deutsche leben).

- Elimination, Versuch das Andere aus dem eigenen Denken und Leben komplett auszu-
  schliessen, beginnend mit der verbalen Aussonderung des *Anderen* aus der *eigenen*
  Massnahme durch Konstruktion von „Die da – Wir hier - Gegensätzen" bis hin zur Aus-
  weisung aus dem gemeinsamen Lebensbereich oder gar der gewalttätigen Vernich-
  tung des Anderen.

Während bei der Assimilation der Fremde der Handelnde ist, der sich mehr oder weniger frei-
willig einfügt, ist bei der Exklusion und Elimination der Einheimische der Handelnde, der den
Fremden (meist gewaltsam und gegen dessen Willen) vorübergehend oder dauerhaft aus sei-
nem Lebensbereich entfernt.

Die *Ablehnung des Prinzips ‚alle gleich'* lässt zwar die Verschiedenheit zu, akzeptiert aber
nicht die Gleichheit der unterschiedlichen Kulturen, in dem die eine als besser und die andere
als schlechter bewertet wird.

- In der Regel wird zwar die eigene Kultur höher bewertet und die fremde Kultur als '*bar-
  barische Fremde'* diskriminiert ('Die sind halt pädagogisch noch nicht so weit wie wir').
  Doch gibt es auch

- die Diskriminierung des Eigenen und die Überbewertung der *‚exotischen Fremde'* („Allerdings gibt es die Tendenz, dass die AFS – Schüler (als Gruppe insgesamt) ihrer
  Gastkultur gegenüber eher unkritisch sind und ihre Herkunftskultur mit Skepsis betrachten", Hammer 2005:3).

Alle Ablehnungen des Prinzips ‚alle anders – alle gleich' führen im Ergebnis zu einer Verstär-
kung der Vorurteile der Beteiligten und mehr noch: da jetzt selbst erlebte „Beweise" für die eigenen Vorurteile vorliegen, wird es in Zukunft besonders schwer sein, diese zu ‚widerlegen.'

Interkulturelle Kompetenz soll die Beteiligten aber befähigen, die verschiedenen Möglichkeiten des 'aneinander – vorbei ' Handelns zu erkennen und Wege zu finden, die zu einem 'Miteinander' und zu einer gemeinsamen Anerkennung des Prinzips 'alle anders – alle gleich' führen.

.

Zu diesen konstruktiven Lösungswegen gehören vor allem:

- *Dialog* nicht nur der Dialog der Erfahrung und des (pädagogischen) Austauschs unter Fachleuten, sondern auch der Dialog des Lebens und der Tat. Eine Auflösung der starren Polarisierungen in „Wir" und „Die anderen" erfordert den Aufbau von Vertrauen nicht nur innerhalb der (nationalen) Gruppen, sondern auch zwischen ihnen durch die Entwicklung von 'überlappenden Identitäten' (Thomas 1994, 234).

- *Perspektivenwechsel* der auf einer detaillierten Sachkenntnis der anderen Gesellschaft, Politik und Kultur aufbaut und nicht nur bereits vorhandene Bilder und Vorurteile wiederholt. Er führt so zu einer Selbstdistanzierung und Betrachtung oder gar Bewertung des eigenen Denkens und Handelns aus dem Blickwinkel des Anderen. Dieser doppelte Perspektivenwechsel ermöglicht „einen interkulturellen Dialog und eine Reflexion (und gegebenenfalls auch Revision) der eigenen Sichtweise. In diesem Sinne meint interkulturelle Kompetenz die Fähigkeit, unterschiedliche Werte, Normen, Lebensperspektiven zu erkennen und zu respektieren, und die Einsicht in die begrenzte Reichweite der eigenen Handlungs- und Kommunikationsfähigkeit" (Georg 2005:28).

- *Ambiguitätstoleranz,* die Fähigkeit, Unterschiede, (noch) Nicht – Verstehbares oder offene Fragen auszuhalten und nicht vorschnell in die eine oder andere Richtung aufzulösen, d.h. die Fähigkeit mit Dilemmata zu leben. Auf die interkulturelle Situation bezogen kann dies auch heißen: Menschen mit Prägungen und Erfahrungen aus 2 Kulturen müssen nicht unbedingt zwischen 2 Stühlen sitzen, sie können sich auch auf einer Couch mit 2 Sitzkissen befinden (Bünger 2000, Auszüge aus dem ersten Interview). In einer anderen Sprachform beschreibt Mangold (1998,18) das Gemeinte so:

Zugvögel

Welche von zwei ist ihre richtige Heimat:

Wo sie den Winter oder den Sommer verbringen?

Sicher steht:

Wird ihnen eine verwehrt,

gehen sie zugrunde.

- *Integration von Eigenem und Fremdem*, d.h.eine erfolgreiche und gleichberechtigte Zusammenarbeit von Personen aus unterschiedlichen Kulturen unter Berücksichtigung ihrer Eigenheiten, Bedürfnisse und Identitäten. Dabei ist die hier gemeinte 'Verflechtung' auch keine 'Vermischung', bei der die Ursprungsidentitäten aufgegeben werden und nicht mehr erkennbar sind.

3.2.3. Einheit in versöhnter Verschiedenheit

Das Ziel des interkulturellen Lernprozesses lässt sich als *„Einsicht in die Beschränktheit des Standpunkts des Anderen und des eigenen"* beschreiben und meint die Fähigkeit zur konstruktiven Zusammenarbeit mit dem fremden Anderen unter Respektierung und Nutzung der Eigenheiten aller Beteiligten.

Für Schule kann das heißen: „Eine Schule, in der man neugierig ist auf andere Erfahrungen, in der man seine Herkunft und Identität nicht verleugnen muss, um akzeptiert zu werden, ist ein Lernort, der positiv stimuliert. Unterricht in einer solchen Schule ermöglicht Integration auf einer höheren Ebene. Für die Persönlichkeitsentwicklung der Schüler ist es wichtig, dass sie ihre Herkunftskultur nicht aufgeben müssen, um integriert zu werden. Sie können von ihren individuellen Erfahrungen berichten, Sprache und Religion pflegen und dadurch Selbstverständnis entwickeln und so zu einer besseren Daseinsbewältigung und Orientierung in der

Kultur, in der sie jetzt leben, geführt werden. Durch ein so verstandenes interkulturelles Lernen gewinnen alle Schüler gleichermaßen: Sie lernen Menschen anderer Herkunftskulturen akzeptieren, nicht nur auf der Ebene des Verstehens, auf der Basis von Gemeinsamkeiten und Anpassung, sondern durch Mehr-Wissen: durch die Kenntnis von Unterschiedlichkeiten, auch von Trennendem. Erst hier beginnt Toleranzfähigkeit."

Interkulturelle Kompetenz ist deshalb „nicht nur eine Anpassungsleistung der ausländischen Schüler, sondern sie richtet sich an alle Schüler gleichermaßen. Sie geht davon aus, dass unterschiedliche Menschen und Kulturen in gleichberechtigter Weise existieren und dass man voneinander wissen und lernen kann und sich so gegenseitig bereichert" (Hölscher 1994:9-10).

3.2.4. Die Darstellung des Lernprozesses als Spirale

Die Darstellung des interkulturellen Lernprozesses als Spirale und nicht als Stufen- oder Pyramidenmodell soll verdeutlichen, dass interkulturelles Lernen und interkultureller Kompetenzerwerb lebenslanges Lernen ist, das nicht im Rahmen eines Kurzzeitprogramms erledigt werden kann. Denn weder sind die interkulturellen Kompetenzen schnell erlernbar, noch können sie ein für allemal gelernt werden wie es Stufen- oder Pyramidenmodelle suggerieren. Die Tatsache, dass die Spirale schließlich in eine Aufwärtsbewegung übergeht, signalisiert, dass allerdings Lernfortschritte und ein kompetenterer Umgang mit interkulturellen Situationen möglich sind.

Die Darstellung als Spirale veranschaulicht auch die Idee, dass dieser Lernprozess alle betrifft, d.h. Lehrer *und* Schüler, und dass es noch offen ist, wer diesen Prozess schneller und problemloser durchlaufen kann als andere.

Der Dreischritt der Spirale „interkulturelle Naivität – Kulturschock – Einheit in versöhnter Verschiedenheit" verdeutlicht zunächst, dass der interkulturelle Lernprozess und Kompetenzerwerb nicht nur Harmonie und problemfreies Lernen umfasst, sondern auch Differenzen und mehr oder weniger heftige Konflikte elementar dazu gehören.

Da der Dreischritt zudem nur eine sprachlich überarbeitete und einprägsame Visualisierung von Einsichten und Erkenntnissen der beeiligten Fachwissenschaften darstellt, kann die Spirale im Sinne der sozialen und personalen Doppelnatur von Kultur zum einen als methodische Hilfestellung eingesetzt werden, um den Entwicklungsstand von interkulturellen Massnahmen zu analysieren und weiter zu entwickeln. Zum anderen kann mit Hilfe der Lernspirale der Stand des individuellen, interkulturellen Kompetenzerwerbs analysiert und ein evt. Bedarf für die weitere Bildungsarbeit ermittelt werden.

Schließlich kann die Spirale als Hilfe für die Steuerung von interkulturellen Lernprozessen dienen, indem gezielt geeignete Spiele und Übungen für entsprechende Bildungsmaßnahmen ausgewählt werden können. Dies kann zum einen bedeuten, dass die Teilnehmerinnen und Teilnehmer auf diese Weise für das Grundprinzip ‚alle anders – alle gleich' und die Möglichkeiten dagegen zu verstoßen, sensibilisiert werden. Zum anderen ist es auf diese Weise möglich, die verschiedenen Fähigkeiten, die zu einer positiven Auflösung des Kulturschocks beitragen können, bewusst zu machen und gezielt einzuüben (Rademacher u.a. 2006; Sauer u.a. 2004).

4. Den europäischen Bildungsraum unterkellern durch interkulturellen Kompetenzerwerb in der Schule

Das Stichwort der 'Globalisierung' weist auf eine seit Jahren von der Politik gezielt geförderte Internationalisierung und insbesondere Europäisierung unserer Arbeits- und Lebensverhältnisse. Alle Anzeichen deuten derzeit darauf hin, dass diese Entwicklung in nächster Zeit un-

vermindert weitergehen und den Ausbildung-, Studien- und Berufsalltag der Schülerinnen und Schüler von heute und morgen wesentlich mitbestimmen wird. Vermehrte interkulturelle Kompetenzentragen somit zu einer Stärkung ihrer employability bei, wenn sie nicht sogar unabdingbar sein werden, um sich zukünftig in einer multikulturellen und multireligiösen, pluralistischen Gesellschaft in persönlicher, beruflicher und politischer Hinsicht ein erfolgreich engagieren zu können.

Da der interkulturelle Lernprozess – wie mehrfach verdeutlicht – nicht von allein zum gewünschten Ergebnis führt und zudem kein Kurzzeitprogramm sein kann, sondern einen lebenslangen Lernprozess erfordert, werden Schulen gut daran tun, ihren Schülerinnen und Schülern hierzu entsprechende Lernfelder zu eröffnen und diese Dimension durch die Entwicklung eines entsprechenden Konzeptes stärker in ihrem Profil zu berücksichtigen. Neben dem bereits etablierten Austausch von Klassen oder Gruppen sollte hierzu auch ein Einzelaustauschangebot mit einem Entsende- sowie einem Aufnahmekapitel gehören.

Qualitatives Ziel der Austauschmassnahmen sollte gemäß dem oben Gesagten in Zukunft sein, neben den Sprachfertigkeiten auch die Kompetenzen der Schülerinnen und Schüler in interkultureller Teamarbeit zu trainieren und weiter zu entwickeln. Mittel- bis langfrisig können Schulen sich weiterhin zum Ziel setzen, dass jede Schülerin und jeder Schüler im Rahmen seiner Schullaufbahn mindestens einmal an einem internationalen und interkulturellen Projekt teilgenommen hat, möglichst sowohl als Gastgeber als auch als Gast. So könnten Schulen einen wesentlichen Beitrag dazu leisten, den europäischen Bildungsraum zu 'unterkellern' und ihm so solide Grundlagen zu geben.

4.1. Den internationalen und interkulturellen Austausch von Klassen und Lerngruppen ausweiten und vertiefen

Die Ausführungen zum Thema 'Kultur als soziale Grammatik' haben gezeigt, dass interkulturelle Kommunikation und interkultureller Kompetenzerwerb die Aktivierung aller Kommunikationskanäle und aller Sinnesorgane erfordern. Für die Schule könnte dies bedeuten, dass in Zukunft eine Chance darin bestehen kann, neben den Fremdsprachen auch die ganze Palette der schulischen Fächer und Aktivitäten in den Austausch mit ein zu beziehen, woraus sich ganz neue, oft auch handlungsorientiertere, Formen der Zusammenarbeit ergeben können. Außerdem können durch den Einbezug von Fächern wie Sport, Musik, Politik, Geschichte, Erdkunde, Biologie, Chemie, Physik, Informatik, Religion oder Wirtschaft sowie Arbeitsgruppen wie Theater, Orchester, Astronomie, etc. vielleicht auch neue Gruppen von Jugendlichen zur Teilnahme an Austauschprojekten motiviert werden.

Die mögliche Ausweitung der Austauschmassnahmen schließt eine Vertiefung der Kontakte in den Massnahmen durch Projekte an interessanten „Drittorten" wie Naturparks, Bildungshäusern, Forschungszentren oder politisches Zentren (Berlin, Straßburg oder Brüssel) sowie eine stärkere Beteiligung der Schüler an Vorbereitung, Durchführung und Auswertung nicht aus. Denn warum sollte es je nach Altersstufe nicht möglich sein, dass die Schülerinnen und Schüler sich an der Gestaltung des Programms, der Aufstellung und Verwaltung eines Projektbudgets, der Erstellung von Infomaterialien für die Eltern und Partnerschule, etc. beteiligen und eigene Ideen miteinbringen. Da all dies zu entwickeln, Zeit benötigt und vermutlich nicht schon im ersten Durchgang optimal klappt, wird es im Interesse der Qualitätsentwicklung sinnvoll sein, dies in einen Kontext von längerfristigen Schulpartnerschaften einzufügen.

Auf der anderen Seite erscheint es dringend erforderlich, Ideen und Vorschläge für die angemessene Auswertung solcher Projekte zu entwickeln. Hier könnte dann der systematische Ort sein, um Fragen wie: *Warum sind die holländischen Lehrer so cool und lassen sich von ihren Schülern duzen, während die deutschen Lehrer uncool auf dem Siezen bestehen?* zur Spra-

che zu bringen und nicht nur mit Hilfe des Schemas 'exotische Fremde' – evt. nach gemeinsamer Recherche - zu beantworten (Weismann 2001: 252-255).

Außerdem wird es notwendig sein, Austauschmassnahmen mit Schulen in europäischen Ländern zu entwickeln, deren Sprachen bei uns (im Regelfall) nicht unterrichtet werden. Dürfen wir dann einfach davon ausgehen, dass die mittel- und osteuropäischen Schülerinnen und Schüler, aber auch die Skandinavier und Südeuropäer hinreichend gut deutsch können, um die Kommunikation auch in schwierigen Phasen sicher zu stellen oder sind wir in der Lage, eigenständige Antworten auf die Sprachenvielfalts Europas zu finden? Handlungsorientierung und Projektarbeit könnten neben dem unvermeidlichen Englisch sinnvolle Perspektiven eröffnen.

4.2. Den Einzelaustausch stärken und fördern

Das kontinuierlich steigende Interesse von Schülerinnen und Schülern allein und selbstständig internationale und interkulturelle Erfahrungen zu machen, sollte von Schulen aufgegriffen und im Kontext ihrer europäischen Netzwerke für die Entwicklung von Entsende- wie Aufnahmemassnahmen genutzt werden.

4.2.1. Ein Entsendekonzept für einen Einzelaustausch entwickeln

Die langfristigen positiven Wirkungen eines internationalen und interkulturellen Einzelaufenthalt im Ausland auf die Persönlichkeitsentwicklung, die Fremdsprachenkompetenz und den interkulturllen Kompetenzerwerb der Schülerinnen und Schüler ist in jüngster durch eine repräsentative, wissenschaftliche Studie bestätigt worden:

- Persönlichkeitsentwiclung: 48 % der Befragten können durch die Begegnung besser unbekannte Situationen meistern. 50 % sind offener gegenüber fremden Menschen geworden. 50 % haben gelernt, sich in einer Gruppe einzubringen.

- *Steigerung der interkulturellen Kompetenzen:*61 % haben durch die Begegnung positive Gefühle gegenüber dem Partnerland entwickelt. 57 % konnten vertieftes Wissen über andere Kulturen gewinnen. 51 % der Befragten fällt es seit der Begegnung leichter, das Verhalten von Menschen aus anderen Kulturen zu verstehen.

- *Steigerung der Fremdsprachenkompetenzen:* 61 % haben durch die Begegnung Hemmungen abgebaut, sich in einer Fremdsprache auszudrücken. 55 % haben ihre Fremdsprachenkenntnisse verbessert. 23 % wurden dazu angeregt, eine neue Fremdsprache zu lernen (Thomas u.a. 2006:63ff).

Grundsätzlich wäre vor diesem Hintergrund an Angebote für einen 6 bis 8wöchigen Einzelaufenthalt in einer Familie der Partnerschule zu denken, die auf die jeweiligen Sparchkompetenzen und Curricula abgestimmt sind. Hierbei könnte man sich an dem deutsch-französischen Programm 'Brigitte Sauzay' (DFJW o.J.) oder auch an den 'integrierten Studiengängen' im Hochschulbereich orientieren. Schulen im grenznahen Bereich können evt. auch auf verloren gegangene Traditionen des „Kinder-'Wechsel'" (Fielhauer 1987) zurück greifen und diese neu beleben. Weiterhin sind je nach Schulform auch Berufspraktika im europäischen Ausland vorstellbar.

Das solche Massnahmen auf Dauer zu den gewünschten Ergebnissen führen und zu entsprechenden Vertiefungsphasen im Studium oder Beruf beitragen werden, dürfte mittlerweile eindeutig belegt sein. "Wer während der Schulzeit länger im Ausland ist, entscheidet sich mehr als doppelt so häufig wie der Durchschnitt für ein Auslandsstudium. Und wer im Ausland studiert hat, wird drei- bis viermal so häufig im Ausland berufstätig", so Prof. Teichler, Hochschulforscher an der Uni Kassel (Finkenberger 2006, 12;).

4.2.2. Ein Aufnahmekonzept erfinden

In gleichem Masse wie Schulen sich für die 'Entsendung' eigener Schülerinnen und Schüler engagieren, sollten sie auch Chancen und Möglichkeiten prüfen, von den internationalen Gästen an ihrer Schule, aber auch von den zurückkehrenden eigenen Schülerinnen und Schüler zu profitieren. Dies scheint auch deshalb lohnenswert zu sein, da auch die Gastgeber(familien) von den Austauschmassnahmen profitieren und ihre interkulturellen Kompetenzen steigern (Vollhardt 2004:89f).

Ein wesentliches Element eines Aufnahmekonzeptes sollten sog. 'Mentoren' sein, die in organisatorischen wie inhaltlichen Fragen den Gästen mit Rat und Tat zur Verfügung stehen und so zu 'Lernhelfern' werden können (Zeutschel 1988:179). Sinnvollerweise können dies insbesondere Schülerinnen und Schüler sein, die sich auf einen Auslandsaufenthalt vorbereiten und/oder die von einem solchen zurück kehren. Sie können so ihren interkulturellen Lernprozess bereits zuhause beginnen bzw. noch weiter fortsetzen. Themen ihrer Auseinandersetzung werden sicherlich sein, die deutsche Kultur und der eigene Umgang damit (Schroll-Machl 2002) sowie die Lernphasen, in die ein entsprechender Aufenthalt gegliedert werden kann[3]: Phasen, in denen das Bedürfnis nach landeskundlichen Informationen im Vordergrund steht und Phasen, in denen interkulturelle Interessen wichtiger sind. Außerdem werden sie so den perspektivenwechsel einüben können und die eigene Schule probeweise aus dem Blickwinkel eines Gastes kennen lernen können.

4.3. Internationale Kontakte für die interkulturelle Schulentwicklung nutzen

Die Entwicklung eines solchen Konzeptes zum interkulturellen Kompetenzerwerb kann den Schulen helfen, ihr Profil zu schärfen und die Weiterenttwicklung des eigenen Schulprogramms kontinuierlich voran zu treiben. Denn der regelmäßige Austausch mit Kolleginnen und Kollegen im Ausland wird es auch den Lehrerinnen und Lehrern ermöglichen, ihre eigenen interkulturellen Kompetenzen fortzuentwickeln und entsprechende Fragen und Ideen, mit in das eigene Kollegium zu nehmen.

Außerdem wäre es kontraproduktiv, einen interkulturellen Kompetenzerwerb allein vornehmen zu wollen und andere Initiativen vor Ort, die ähnliche Ziele verfolgen, dabei völlig außer Acht zu lassen oder gar als Konkurrenz zu betrachten. Denn eine Öffnung hin auf Europa und die Welt, sollte von einer Öffnung im Nahbereich begleitet werden und entsprechende Kooperationspartner aus dem Feld der Jugendarbeit, der Migrantenorganisationen oder der professionellen Austauschorganisationen mit in den Blick nehmen, um so im Interesse der Schülerinnen und Schüler zu entsprechenden Verbesserungen des Angebots, z.B. bei der Vor- oder Nachbereitung der Massnahmen, zu kommen.[4]

5. Ausblick

Die hier vorgetragenen Ideen und Überlegungen sollen Lehrerinnen und Lehrer und alle Verantwortlichen im Schulwesen ermuntern, konstruktiv über eine Weiterentwicklung der Konepte zum interkulturellen Kompetenzerwerb nachzudenken. Meines Erachtens nach gibt es hier noch ein große Potenzial, das bei weitem noch nicht ausgeschöpft ist. Allerdings bin ich mir auch im Klaren darüber, dass die Umsetzung dieser Ideen vor Ort kein Selbstläufer sein wird, sondern auf durchaus harte Widerstände treffen kann, wie es Georg (2005:28) prägnant formuliert hat: „... natürlich kann der intelligente Umgang mit Vielfalt, mit Pluralität nicht in Bildungsinstitutionen eingeübt werden, wenn in der übrigen Gesellschaft weiterhin ein eher monokultureller Habitus gepflegt wird."

Literatur

Behrends, Th. (2001): *Organisationskultur und Innovativität. Eine kulturtheoretische Analyse des Zusammenhangs zwischen sozialer Handlungsgrammatik und innovativem Organisationsverhalten.* München, Mering; (Empirische Personal- und Organisationsforschung, 16)

Bertels, U. et al. (Hg.) (2004): *Ethnologie in der Schule. Eine Studie zur Vermittlung interkultureller Kompetenz.* Münster u.a. (Reihe Praxis Ethnologie, Teil 1)

Broden, A. (2003): *Einige Standards interkultureller Pädagogik,* in: Überblick. Zeitschrift des Informations- und Dokumentationszentrums für Antirassismusarbeit in Nordrhein – Westfalen, 9, H. 2, 9 – 11 http://www.ida-nrw.de/html/Ueberblick_2_03.pdf (1.4.2007)

Bünger, I. (2000): Einwanderung und Integration – Ergebnisse einer Untersuchung des Alltagsdiskurses: Sich integriert fühlen und ‚integriert sein' ist nicht dasselbe. - Duisburg 2000 http://www.uni-duisburg.de/DISS/Internetbibliothek/Artikel/Einwanderung%20und%20Integration.htm (3.4.2007)

DFJW (o.J.): *Programm Brigitte Sauzay,* Online-Dokument, http://www.ofaj.org/de/juniors/apprendre/carnetlycee.htm (3.4.2007)

do Mar Castro Varela, M. (2004): *Nach-Denken zum Thema 'Interkulturelle Standards',* in: Überblick. Zeitschrift des Informations- und Dokumentationszentrums für Antirassismusarbeit in Nordrhein – Westfalen, 10, H. 1, 6–8, http://www.ida-nrw.de/html/Ueberblick_1_04.pdf (1.4.2007)

Fielhauer, H. P. (1987): Kinder - "Wechsel" und "Böhmisch-Lernen". Sitte, Wirtschaft und Kulturvermittlung im früheren niederösterreichisch-tschechoslowakischen Grenzbereich. In: *Österreichische Zeitschrift für Volkskunde (Wien),* Jg. XXXII, S. 115–148.

Finkenberger, Martin (2006): Bonus für Auslandserfahrungen. In: *Sokrates aktuell,* Ausgabe 4, S. 12–13., S. 12

Georg, W. (2005): Die Forderung nach interkultureller Kompetenz in der beruflichen Bildung unter den Bedingungen einer nationalstaatlichen Bildungspolitik. In: Osterwalder, A. (Hg.): *Interkulturelle Kompetenz in der beruflichen Bildung. Ergebnisse eines Expertengesprächs.* (Schriftenreihe des Bundesinstituts für Berufsbildung), Bonn, S. 21–28.

Hammer, M. R.: *Assessment of the impact of the AFS study abroad experience. Executive Summary: Overall Findings.* Deutsche Übersetzung. - 2005 (Manuskript)

Hinz-Rommel, Wolfgang (1994): *Interkulturelle Kompetenz. Ein neues Anforderungsprofil für die soziale Arbeit.* Münster, New York

Hölscher, P. (1994): *Interkulturelles Lernen. Projekte und Materialien für die Sekundarstufe I.* Frankfurt a. Main.

Hofstede, G. (1986): Cultural Differences in Teaching and Learning. In: *International journal of intercultural relations,* Jg. 10, Nr. 3, S. 301–320.

Hofstede, G. (2001): *Lokales Denken, globales Handeln. Interkulturelle Zusammenarbeit und globales Management.* – 2. Aufl. München 2001

Holzbrecher, A. (2007): *Art.: Interkulturelles Lernen.* In: Sander, Wolfgang (Hg.): Handbuch politische Bildung. 2. Aufl.; Lizenzausgabe für die Bundeszentrale für politische Bildung. - Bonn 2007, 392 - 406 (Schriftenreihe / Bundeszentrale für Politische Bildung, 476)

House, Robert J.; Hanges, Paul J.; Javidan, Mansour, et al. (Hg.) (2004): *Culture, Leadership, and Organizations. The GLOBE Study of 62 Societies.* Thousand Oaks, California (USA)

Keefer, Susanne (1991): Internationale Jugendbegegnungen. In: Böhnisch, Lothar; Gängler, Hans; Rauschenbach, Thomas (Hg.): *Handbuch Jugendverbände. Eine Ortsbestimmung der Jugendverbandsarbeit in Analysen und Selbstdarstellungen.* Weinheim; München, S. 554–561.

Krewer, B.; Martin, W. (2000): *Management internationaler Projekte : wie die Kooperation in multikulturellen Projekten optimiert werden kann ; ein Arbeitsbuch ; Erfahrungsberichte, Fallbeispiele, Selbsttests, praktische Ratschläge, Infos und Kontakte.* Saarbrücken

Leiprecht, Rudolf (2002): *Interkulturelle Kompetenz als Schlüsselqualifikation aus der Sicht von Arbeitsansätzen in pädagogischen Handlungsfeldern.* In: IZA Zeitschrift für Migration und Soziale Arbeit, Nr. H. 3-4, S. 87–91.

Mangold, W. (1998): Rund um das Leben. Gedichte.

Martin, A.; Behrends, Th. (1999): *Die Innovative Organisation aus kulturtheoretischer Perspektive.* Lüneburg (Schriften aus dem Institut für Mittelstandsforschung, Lüneburg, 10) http://perso.uni-lueneburg.de/fileadmin/user_upload/Seiteninhalt/Dateien/Heft10.pdf (2.4.2007)

Nicklas, Hans (Oktober 1984): Interkulturelles Lernen als Kommunikationsproblem. In: Groscolas, Daniel (Hg.): *Von der Versöhnung zum Alltag interkultureller Beziehungen - Deutsch-französischer Jugendaustausch - Bilanz und Perspektiven.* Bad Honnef; Paris (DFJW - Arbeitstexte. Internationales und interkulturelles Lernen, Sonderheft), S. 15–23.

Oksaar, Els (1979): Zur Analyse der kommunikativen Akte. In: *Wirkendes Wort. Deusche Sprache in Forschung und Lehre (Düsseldorf),* Jg. 29, Nr. 6, S. 391–404

Osgood, C. E.: *An Alternative to war or surrender.* – Urbana, Chicago, London 1970 (2. Aufl.)

Rademacher, Helmholt u.a.: *Spiele und Übungen zum interkulturellen Lernen.* – Berlin 2006

Rockel, M. (2005): *Europäische Projekte an Schulen – Chancen und Möglichkeiten,* in: SchulVerwaltung NI SH, 16, H. 11, 296 - 299

Sauer, J.; u.a. (2004): *Global Games. 70 Spiele und Übungen für interkulturelle Begegnungen.* – Freiburg i. Br.; Düsseldorf

Scheitza, Alexander; u.a. (2004): *Kulturelle Unterschiede im Arbeitsleben.* Studienbrief. Brandenburg.

Scherr, A. (2003): *Die Differenz von Hilfe, Bildung und Politik – Anmerkungen zu den von Anne Broden vorgeschlagenen Standards interkultureller Pädagogik,* in: Überblick. Zeitschrift des Informations- und Dokumentationszentrums für Antirassismusarbeit in Nordrhein – Westfalen, 9 H. 3, 15—17, http://www.ida-nrw.de/html/Ueberblick_3_03.pdf (1.4.2007)

Scholten, A. (2001): *Internationale Begegnungen. Grundlagen und praktische Tipps für Planung, Durchführung und Nachbereitung.* – Neuss

Scholten, A. (2003): Interkulturelles Lernen als Lernen über Grenzen. In: Harles, L. (Hg.): *Praxishandbuch Lernen über Grenzen. Politische Bildung als internationale Jugendarbeit.* Schwalbach/Ts., S. 85–91.

Scholten, A. (2006): Interkulturelle Kompetenz, in: *SchulVerwaltung. Zeitschrift für SchulLeitung, SchulAufsicht und SchulKultur, Ausgabe Niedersachsen,* 16, H. 10, 275 – 278

Schroll – Machl. S. (2002): *Die Deutschen – Wir Deutsche. Fremdwahrnehmung und Selbstsicht im Berufsleben.* – Göttingen

Sprung, A. (2003): *Bildungsmarkt Interkulturalität - eine Erfolgsgeschichte?* Bonn http://www.die-bonn.de/esprid/dokumente/doc-2003/sprung03_01.pdf – (22.2.2007)

Teo, Th.: "Ich muss mich nicht entscheiden. Ich bin beides ...". Zur Entwicklung und Sozialisation "bi-/multirassischer" Identität, in: Thomas, A. (Hg.): *Psychologie und multikulturelle Gesellschaft. Problemanalysen und Problemlösungen.* Göttingen; Stuttgart, 82 - 93

Thomas, A. (1994): Können interkulturelle Begegnungen Vorurteile verstärken? In: ders. (Hg.): *Psychologie und multikulturelle Gesellschaft. Problemanalysen und Problemlösungen.* Göttingen; Stuttgart, S. 227–238.

Vollhardt, J. K. (2004): *Positive Auswirkungen interkultureller Kontakte auf monokulturelle Personen am Beispiel der Fähigkeit zu situationsadäquaten Attributionen. (*Diplomarbeit im Fach Psychologie an der Universität zu Köln). Köln.

Weidmann, W. F. (1995): *Interkulturelle Kommunikation und nationale Kulturunterschiede in der Managementpraxis.* In: Scholz, Jörg M. (Hg.): Internationales Change - Management. Stuttgart, S. 39–65.

Weismann, Anabella (2001): Die holländische Tomate - eine Spätfolge des Calvinismus? Über religiöse Wurzeln der Mentalitätsunterschiede zwischen Niederländern und Deutschen. In: Moldenhauer, Gebhard; Vis, Jan (Hg.): *Die Niederlande und Deutschland. Einander kennen und verstehen.* Münster u.a. (Studien zur Geschichte und Kultur Nordwesteuropas, 2), S. 243–262.

Weinert, F. E. (Hg.) (2002): *Leistungsmessungen in Schulen.* - 2. Aufl. Weinheim, Basel

Zeutschel, U. (1988): Die Rolle der 'Mentoren' im interkulturellen Lernprozess. In: Thomas, Alexander (Hg.): *Interkulturelles Lernen im Schüleraustausch.* Saarbrücken (SSIP bulletin Nr, 58), S. 179–201.

[1] Im Buch von Geert Hofstede werden auf dem Stand von 1980 zu insgesamt 50 Ländern Vergleichszahlen zu den ersten 4 Dimensionen angegeben. Es handelt sich im einzelnen um: Argentinien; Australien; Belgien; Brasilien; Chile; Costa Rica; Dänemark; Deutschland (West); Ecuador; El Salvador; Finnland; Frankreich; Großbritannien; Griechenland; Guatemala; Hongkong; Indien; Indonesien; Iran; Irland; Israel; Italien; Jamaika; Japan; Jugoslawien; Kanada; Kolumbien; Malaysia; Mexiko; Neuseeland; Niederlande; Norwegen; Österreich; Pakistan; Panama; Peru; Philippinen; Portugal; Schweden; Schweiz; Singapur; Spanien; Südafrika; Südkorea; Taiwan; Thailand; Türkei; Uruguay; USA und Venezuela. Außerdem gibt es Zahlen zu 3 Ländergruppen Arabische Länder (= Ägypten; Irak; Kuwait; Libanon; Libyen; Saudi-Arabien; Vereinigte Arabische Emirate); Ostafrika (= Äthiopien; Kenia; Tansania; Sambia) und Westafrika (= Ghana; Nigeria; Sierra Leone).

[2] Weidmann 1995 hat Daten ergänzt zu folgenden Ländern: Ägypten; Äthiopien;Albanien; Bulgarien; Buthan; China; Dominikanische Republik; Estland; Fui; Ghana; Kaukasus Republik; Kenia; Kroatien; Lettland; Libanon; Litauen; Luxemburg; Malawi; Namibia; Nepal; Nigeria; Polen; Rumänien; Russland; Sambia; Saudi Arabien; Serbien; Sierra Leone; Slowakei; Slowenien; Sri Lanka; Surinam; Tanzania; Tschechien; Ukraine; Ungarn. Aufbauend auf den Arbeiten von G. Hofstede wurde seit 1993 unter dem Titel „Global Leadership and Organizational Behavior Effectiveness" (GLOBE) eine große Folgestudie in 62 Kulturen gestartet, deren Ergebnisse in House et al. 2004 veröffentlicht wurden.

[3]Vgl. dazu z.B. auch die entsprechenden Materialien, die im Rahmen des Weltjugendtagsprojektes „Interkulturelle politische Bildung" zum Empfang der internationalen Gäste entwickelt wurden:

http://www.aksb.de/imtrend/index.php?mod=material2&menue=&oberkat=&unterkat=&Projekt=18 (3.4.2007)

[4] s. dazu z.B. die Materialien aus Niedersachsen zum Thema „Interkulturelle Schulentwicklung" http://www.nibis.de/nli1/ikb/ikbhandbuchpdf/kap5schullebenoeffng.pdf (3.4.2007)